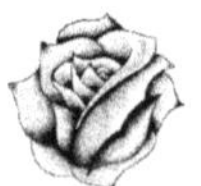

cœur égaré

LA MAISON DES AUDACIEUX PRÉSENTE

un livre de *lucas clavel*

illustré par *axel faure*

préfacé par *julie bourges*

musicalisé par *maxime verdoni*

cœur égaré

ESSAI

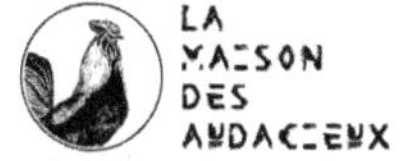

AVANT-PROPOS

Cher cœur égaré, je sais que d'aucuns me reprochent un manque de structure, de sens ou encore de liaison entre les différents textes de mes livres, comme s'il fallait que tous les mots se tiennent la main pour que la poésie puisse danser...

Ô mais je resterai à jamais dans cette errance, à sauter d'un fragment à l'autre, comme j'aime *faire l'amour*, à passer du tout au rien, des jambes au cou, car je suis ainsi - une branche de chêne oscillant pour secouer la neige qui l'étouffe.

C'est avec compassion que je les observe courir, ces bouquets de broussailles se dressant jusqu'à se briser, espérant s'abreuver d'un peu de lumière, trop occupés à juger celle des autres pour parvenir à leur but - voilà pourquoi je suis bien ainsi, un lys défraîchi, incliné, fuyant du regard le soleil... ô qu'il fait doux à l'ombre, et qu'elle est belle cette terre que le monde a oubliée - et si un jour je dois m'élever, c'est que toutes les fleurs qui me lisent auront décidé de s'allier, de nouer leurs pétales pour bâtir un pont de beauté - oui, si la renommée doit me toucher de ses brûlures, je veux qu'elle soit partagée, par mes racines, par mes lecteurs...

Après tout, que viens-tu demander ici ? Si ce n'est de pouvoir poser ta tête sur un papier doux comme un dimanche matin où, ni éveillée, ni endormie, tu peux rester au lit, tout en observant au travers d'une fenêtre sans âge, le lever des folies que tu ressens parfois, tout en restant sage.

lucas clavel

PRÉFACE

Il existe, en ce monde, autant de mots qui vous transpercent que de personnes qui vous bouleversent. *Lucas Clavel* a su, pour moi, prendre part aux deux faces. Savoir et pouvoir apposer les mots sur nos plus douloureux maux. Ceux qui nous détruisent pour nous construire. Ceux qui créent notre propre définition de l'Amour. Et si l'Amour se lit avec un grand **A**, ce livre est ce qu'est Écrire avec un grand **E**. Je vous souhaite de vous (re)trouver à travers ces lignes.

julie bourges
douzefévrier

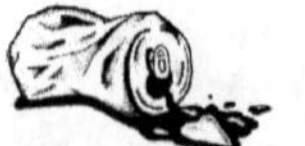

*À la personne
qui en a besoin.*

Lorsque, courbé sous le poids de mes souffrances redites avec les charbons d'Isaïe, j'attendis un mot de cette femme qui m'écoutait la tête baissée, elle éclaira les ténèbres par un regard, elle anima les mondes terrestres et divins par un seul mot.

Honoré de Balzac

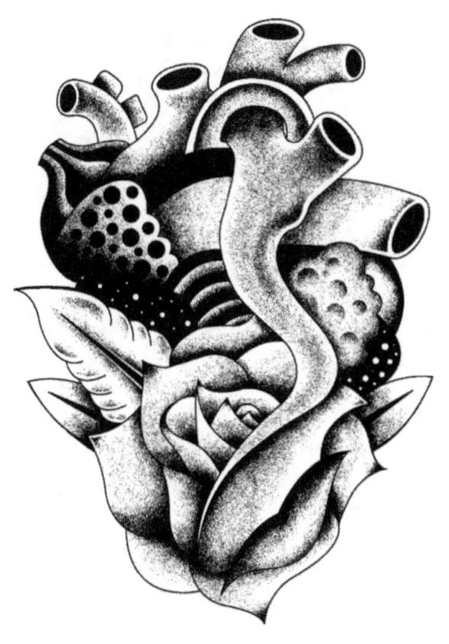

Pour accompagner la lecture,
je te propose d'écouter la bande originale du livre,
composée par *Maxime Verdoni*, et disponible sur toutes les plateformes.

Bonsoir cher *cœur égaré*,

(il fait toujours nuit dans notre histoire).

Comment vas-tu depuis notre dernière liaison ?
Tu m'as manqué tu sais, et bien que ton retour soit
dénué de physique, notre rapport n'en est pas moins
dénué de sens - ici, *ensemble*, nous pouvons sentir la
signification, la réponse à l'interrogation de notre
présence, mais aussi jouir des impressions, car, au
travers du papier règne un *culte de nos cinq sens* -
la matière de ce fin maillage est *le préservatif de
notre aventure*, certes il *gâche un peu* la profondeur
de nos pénétrations (j'aimerais te lire ces mots à
haute voix), mais cela reste un *mieux que rien...*
cependant, il ne nous empêche en rien d'*enfanter*.

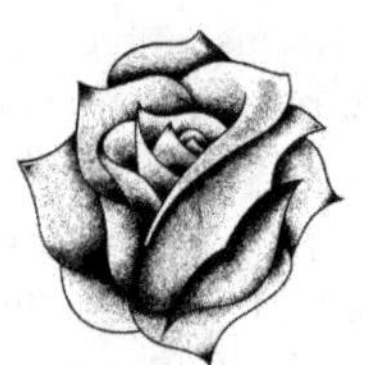

cœur volatile

ET QUELQUES SILENCES

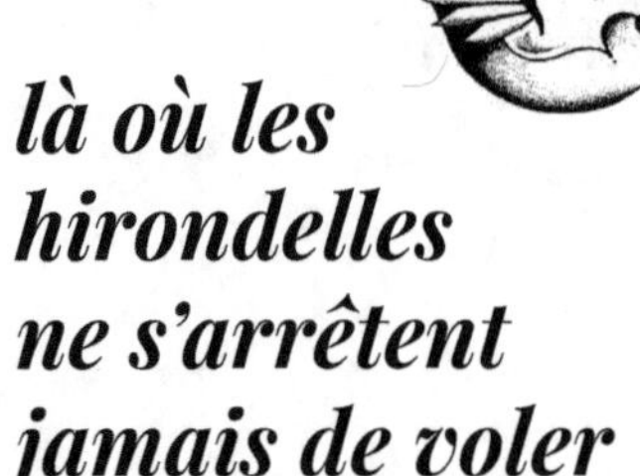

là où les hirondelles ne s'arrêtent jamais de voler

y fait face à ses désillusions, il *prend conscience*, mais s'acharne à parvenir à l'accomplissement de sa déclaration amoureuse pour **x**, *rien ne peut l'arrêter.*

Je n'étais bon qu'à attendre de notre histoire *un retour* - le déclenchement d'un mécanisme qui pourrait prendre *à rebours le temps*, notre amour, nos conversations si nocturnes qu'elles en étaient matinales, et nos baisers si brûlants qu'ils en étaient glacés, mais, ce n'était pas un conte de fées, je n'étais pas un prince fort et casqué d'un soleil, non, bien au contraire, j'étais froid, comme une lune jamais entière, comme une brise transperçant une église sans amour, et les pierres qui avaient marqué les chemins traversés par nos mains enlacées sifflaient encore, dans ce qu'il restait de mon esprit...

                                       sans   toi,

j'avais le regard éteint, car mon espoir avait péri sur les fissures de tes lèvres, je m'étais perdu, là, sur cette côte au sable de chair, en rampant, en tendant la main vers ta langue que je vénérais en Dieu, priant sans foi, suppliant cent fois, que tu lâches un flot de *salive d'adieux* pour dessécher mon cœur, et je me cherchais, encore et encore, dans ce monde où je ne parvenais pas à te quitter...

                              ô je voulais tant que tu
survives à l'oubli, que mes phrases n'osaient plus
se parer de points, je ne voulais plus de fins,
je ne voulais plus d'après, je voulais
qu'avant de *redevenir un secret*
murmuré par mes rêves,
tard dans la nuit,
tu puisses te trouver une place éternelle, un endroit
où toutes les histoires d'amour se terminent sur
des points de suspension, et où

les hirondelles

ne s'arrêtent

jamais de

voler...

THÉORÈME / την εικόνα του άλλου

La passion a toujours ses *moments d'espace*, et ses *ascensions inutiles*. Dans des gestes vains je ne suis pas entendu par toi, *x*, ô non pas que tu ne sois pas attentive mais tu n'es pas en mesure ou en capacité d'écouter. Tu peux entendre sans comprendre, voir sans interpréter.

Tu n'existes pas, dans notre relation, au même degré que mon réel, j'ai quelques centaines de marches d'avance, tout comme toi, mais nous subissons tous deux *le plaisir de l'ascension*.

Alors, je marque de l'éternel tous les détails qui te concernent, *j'élève trop* les choses… à coups de fantasmes, tandis que tu ne me saisis (à juste titre) pas plus loin que *ce que je suis*.

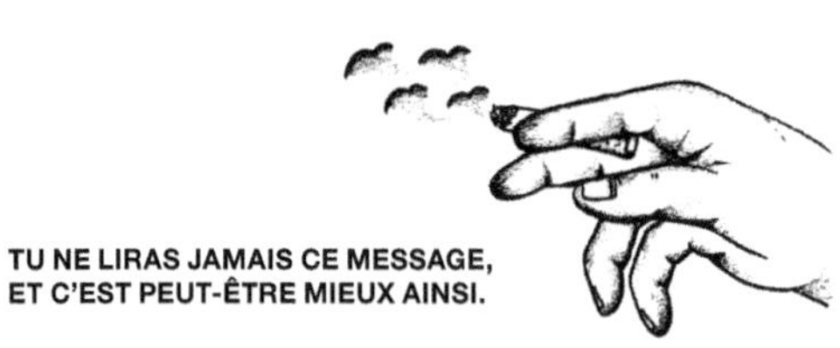

Mes pleurs resteront un silence, un non-dit, une ombre cachée derrière les lueurs de mon sourire, un secret enfoui sous mes paupières, un rêve qui ne s'éveille que durant ton absence, et c'est peut-être mieux ainsi. Dès que tu n'es pas là il fait nuit sur ma vie, et je m'endors sans trouver le sommeil...

Tu crois cela impossible ? Ô pourtant l'amour se moque de la logique, j'ai même compris que, parfois, un cœur peut battre sans pour autant être en vie, et *c'est peut-être mieux ainsi.*

Je n'ai rien à te reprocher, après tout, comment pourrais-tu être coupable d'abandonner ce que tu ignores posséder ? Ma peur d'être quitté te force à me laisser sans le savoir, et mes secrets me protègent par la timidité de mes envies, et c'est peut-être mieux ainsi. Ah, mais je garde un peu d'espoir, car il n'existe pas d'amours impossibles n'est-ce pas ? Seulement des tentatives échouées, regarde-moi... je t'ai perdue sans même te trouver, et *c'est peut-être mieux ainsi.* Tu ne liras jamais ce message, et *c'est peut-être mieux ainsi.*

Voilà ce que nous sommes aujourd'hui *x*, un :

C'est peut-être mieux ainsi.

Sois brave

mon amour,
SOIS BRAVE
!
Et
souviens-toi
que les
hommes ne
sont que
des nuages
qui, sans toi,
n'ont
nulle part
où voler.

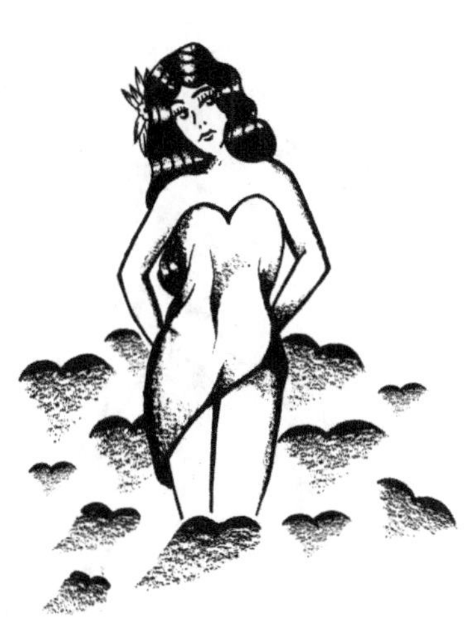

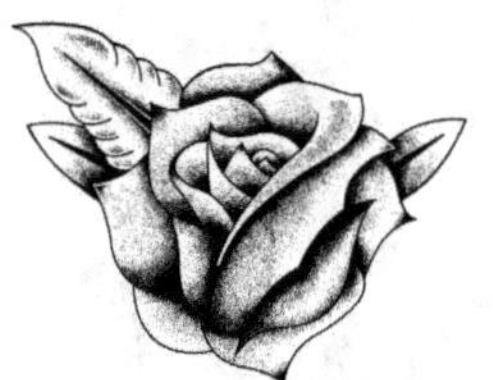

cœur joueur

ET QUELQUES DANGERS

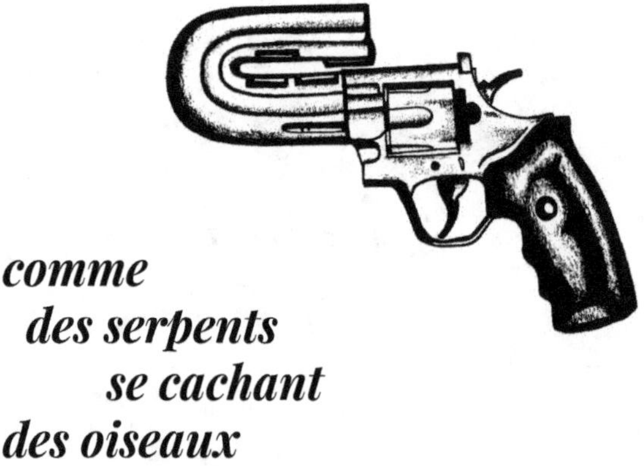

comme
des serpents
se cachant
des oiseaux

y est *abattu*, il s'observe de loin, se méprise de se reconnaître dans les actes hideux des autres hommes, et sa compréhension de *ne pas valoir mieux* le pousse à se punir, en prônant une sacralisation de sa souffrance, en mémoire de *x*.

Je suis ce soldat envoyé au front,
où la minute sonne dernière, où le temps condense
les émotions et les saisons.
        Au bord de ma mort *je pardonne,*

                    j'aime, j'oublie, et
les picotements de ses lèvres sont des balles qui
fusent près de mon cœur, j'attends, de voir mon
propre sang sur mes mains, mon sang mélangé à la
terre, la terre où mes peurs creusent, pilonnant le
champ des cadavres portant mon visage...
Les barillets trottinent en sifflant derrière eux leurs
solos de batteries, leurs percussions métalliques
tirant bien haut *l'hymne du sans retour,*
laissant bien bas l'étalage de
mes passions éteintes,

                enterrées

            sans religions,

            sans serments,

            sans sermons,

                    fuyant sous les graviers
        comme des serpents se cachant des oiseaux.
C'est la guerre ! Et
mes monstres serviles tremblent devant la liberté,
je crains de ne plus avoir de territoire, d'être un
enfant sans patrie, de ne plus avoir d'ennemi à
combattre, je veux rester sans amour pour *ne pas
souffrir de l'ennui de la paix,* et j'ai tort, je le sais, la
bataille fait rage le long de nos deux nations, où
coulent des sueurs sans sang, ça sent la conquête,
la poudre et la fumée, devant son artillerie de
phalanges je m'incline face au plaisir, et la lutte
dans la boue est recouverte de nuages blancs,
lentement je m'écroule,
tué par la vie, ranimé par la mort,
            alors il pleut, et
        mon chargeur est vide,
        combien de temps encore ?
    Avant de le voir, de haine, se remplir.

THÉORÈME / σκιά

Je suis déséquilibré, x ne m'attache (plus) aucune *forme divine*, (je ne déclenche chez elle nulle projection fantasmée).

Les sentiments de x, à l'intensité moindre, ne m'enveloppent pas d'idéalisations, je suis *terne*, tristement concret, *égal à moi-même*. Et je souffre de cet état, d'autant plus d'en avoir conscience, c'est *la réalisation* qui me blesse le plus, je n'ai pas la chance d'être dorloté par les hallucinations passionnelles, (pour elle je n'ai rien d'utopique).

Le manque d'imagination de x annule la mienne, ce qui vient amplifier mon statut misérable, je suis la divagation d'une ombre hallucinée, je reste, rien de plus, que le titre d'un poème croisant ses yeux sans retenir son intérêt.

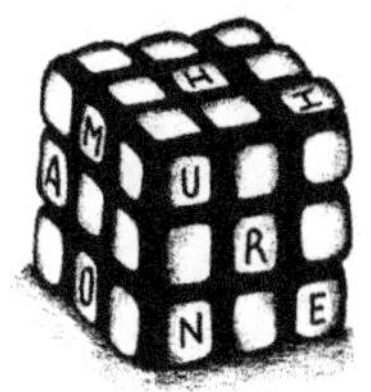

Un désordre demeure en toi, un puzzle sans solution, un bruit, une morsure de violon rendant tes rencontres brumeuses, creuses, maussades - *moroses*, pourtant tu ne réclames rien d'autre qu'une passion orageuse, qu'un fragment de la prose de ces amours incertaines - de ces poèmes dont tous semblent connaître les rimes - et qui restent pour toi un mystère inaudible, une chanson qui tourne dans ta mémoire sans que tu puisses en hurler le titre.

Et moi, je voudrais venir nommer tes sentiments, t'offrir l'encre rédigeant le premier chapitre de ce que tu pourrais appeler *ton histoire*, car je sais que la préface de ton existence ne comble pas l'évasion que recherche ton cœur, mais tu dois déjà apprendre à te pardonner, d'avoir essayé, d'avoir, par peur d'être seule, aimé pour deux, et je te montrerais, si tu le veux, que les péninsules de ta peine peuvent être franchies, puis au crépuscule de tes lèvres j'irais planter une ancolie, en souvenir, pour te laisser libre de partir, et pour me laisser une chance de rester dans ta vie…

Je t'en prie mon amour, ne cherche jamais
à appartenir à autre chose qu'à *ta liberté*.

Et soudain,

elle a
TRAN CHÉ
la gorge de
ses démons...
Elle avait
simplement
besoin de
se souvenir
qu'elle
pouvait
tenir l'épée
toute seu ^l e.

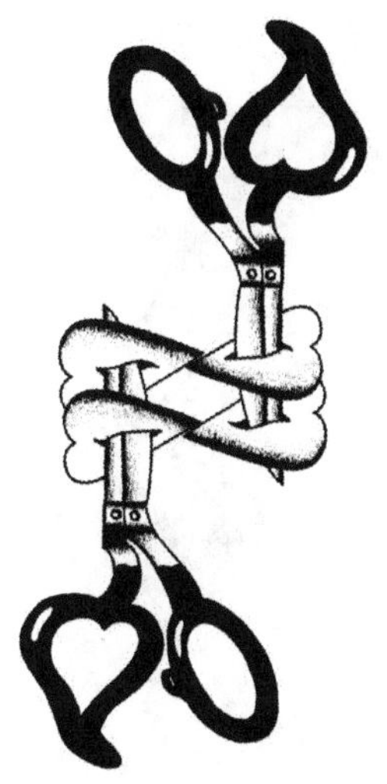

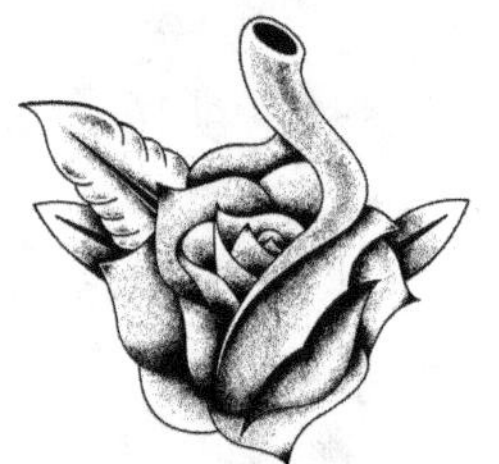

cœur ardent

ET QUELQUES OUBLIS

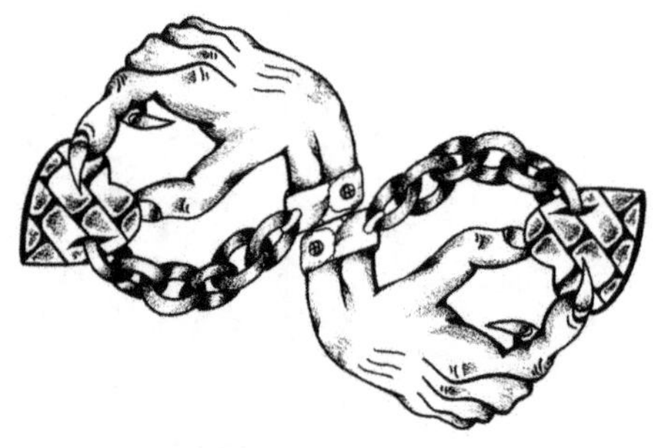

le poids de l'amour des autres est un bijou solitaire

y est seul (entouré mais loin d'*x*), il est incapable de s'empêcher de contempler les *autres amours*, qui, par jalousie, lui apparaissent *illégitimes*, voire impossibles, insensés - il en veut tout simplement au monde de nommer *histoires*, les péripéties sentimentales lui semblant fades.

Je vois les autres s'aimer, et je pense à toi.
Ô
non pas que je les envie, mais j'ai *la mélancolie de
ce que nous étions.*
Leurs caresses m'apparaissent comme des
imperfections,
ils se tiennent la main de travers, s'embrassent à
contre-courant, se disent des mots d'amour sans
conviction, autrement dit…
Ils s'aiment mal.
Et nous ? Nous sommes-nous aimés *trop bien* ?
Cette question trottine en moi, tu sais, comme
ces vieilles chansons dont le refrain persiste à vivre
dans notre mémoire, et ce, malgré ses couplets en-
nuyants. Je crois que j'en veux à ces couples, non
pas d'exister, mais d'être moins heureux que ce
que nous aurions pu être, que ce que nous aurions
dû être.
C'est comme si
je voyais le monde s'extasier devant les étoiles, et
que j'étais seul à connaître *l'existence de la lune,*
tu imagines ?
Ces milliers, ces milliards d'âmes aveugles de
cette chose plus grande, plus proche, et plus bril-
lante que
tout ce qu'ils sont en mesure d'admirer.
Je voudrais,
crier que je t'ai aimée, pour qu'ils sachent,
mais notre séparation est un silence, n'est-ce pas ?
Et,
face à eux,
encore une fois,
je me tais d'amour,
en me recouvrant encore
du doux mirage des bons moments.

THÉORÈME / εικόνα

Même si x est en dissonance au sein de mon univers, *elle reste* (pour moi) *à l'image d'un film*, je suis attentif à son évolution, je tente de percevoir ses intrigues et attends avec patience ses dénouements, ses conclusions.

Alors, je me repasse en boucle la cassette de notre histoire, la filmographie des autres amours est à vomir. Cependant, (pour elle), je suis *une photographie du temps* (je suis un *ça a été*, et non un *ça peut être*), je ne fonctionne plus que dans l'instant, je ne m'étale plus sur la courbe de sa vie, je suis figé, ancré dans le sens premier de mes actes qui sont, toujours, aussi déterminés que déterminants.

Je suis jugé, pas de *pardon*, de *questionnement*, de *compréhension* ou de *vexation*, je ne peux simplement pas l'atteindre.

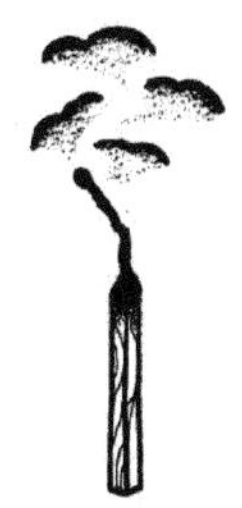

Parfois le sens de ta vie s'essouffle - soudainement, comme si l'orchestre de ton existence ne jouait plus que d'instruments étouffés, c'est le silence, *le bout de l'allumette* - et ta souffrance percute ta croyance en l'amour, en l'aimé, et le doute s'installe, si mal que tu te paralyses.

Le regard dans le vide, tu actualises ta réalité, jusqu'à étaler ton âme dans les décombres des souvenirs, discrète tu espères que, peut-être, quelqu'un pourrait venir trébucher dessus, par accident, et comprendre que tu existes.

C'est ainsi que tu vois l'amour, un sursaut du cœur qui fait confondre vivre et mourir, un coup de tambour dans la nuit, un délire, un rêve en plein après-midi, un plaisir vif, sucré comme la pâleur du jasmin, acide comme une pensée interdite, une confession, un aveu, une révélation qui empoigne de feu les hanches mais caresse les joues d'un hiver, un baiser qui se balade entre deux langues et des morsures dans le cou, là où *un enfer se cache sous des nuages doux.*

Si tu l'aimes,
autant
qu'elle t'aime,
alors vos
flammes
deviendront
FEU,
et
sous
l'incendie de
votre passion
naîtra
la guérison
de vos sol i
tudes.

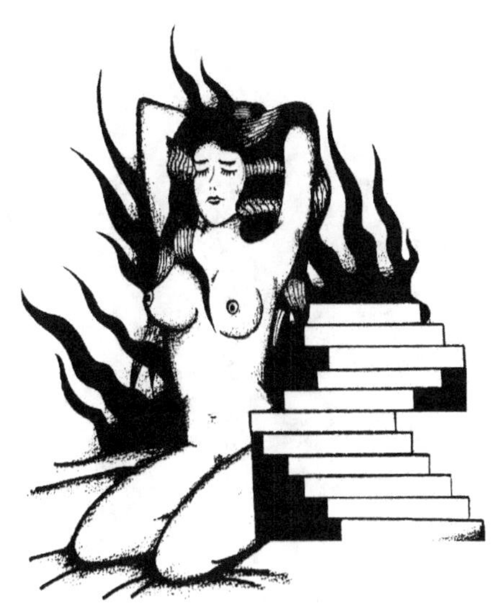

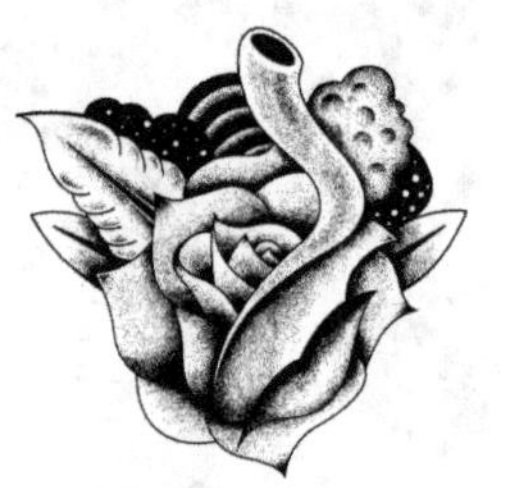

cœur muet

ET QUELQUES CRIS

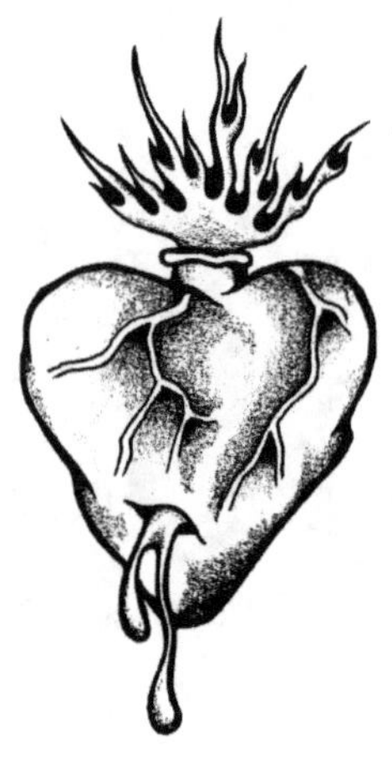

le cœur muet ne s'exprime qu'avec des signes

y se projette dans les émotions d'*x*, il veut se mettre *à sa place*, et se retrouver perdu dans l'amour qu'il lui porte, dans l'idéalisation qu'elle mérite, et dans la compassion qui émerge de ses erreurs, *il* devient *elle*, car l'identité de *y* est flouée par son amour, il parle en son nom, et succombe à *la tachycardie des sentiments*.

Bonsoir *y*, ça fait longtemps que *je me tais pour te parler*, je sais, c'est une chose enfantine, mais j'ai *le cœur muet*, il ne s'exprime *qu'avec des signes*. Alors, écoute ma voix, car ce soir, je suis à toi, nue, sans artifices, pourtant j'ai le cœur qui éclate sous les *feux de joies* qui m'envahissent. Je voudrais, simplement, que tu saches, même si j'ai l'amour un peu lâche, que *je t'ai aimé*, malgré tout, dans l'ombre sans sombrer, car à trop te fixer, comme on s'éblouit du soleil, j'ai recouvert les décors de ton image, et ce qui était noir et blanc est maintenant doré de nuages qui portent tes couleurs. Je t'en prie, ne m'en veux pas de ne jamais t'avoir dit tout ce qui brûle en mon sein, car tu es un danger, non ne me mens pas, combien de cœurs as-tu brisés par peur de perdre le tien ?
Mais, ce n'est *rien* mon amour, aimer c'est violent, il en faut du courage, il en faut du temps.
Tu sais, j'ai tatoué mon corps de fleurs immortelles pour ne pas m'oublier, j'ai recouvert mes blessures de dentelles pour comprendre que j'étais belle dénudée, j'ai appris à m'aimer, pour donner tort aux amours fausses, et pour saisir que t'aimer de loin, vaut mieux qu'un monde sans toi.
Maintenant,
j'endosse ton absence comme on porte un bijou,
c'est ton cadeau ignoré que je porte sous mon cou. Tu m'as fait grandir, sans le vouloir, car je sais que je ne pouvais t'avoir sans d'abord m'appartenir, j'avais besoin de m'aimer, de me séduire, avant d'avoir le courage de l'être par un autre.
Tu comprends maintenant ?
Je ne demande pas de sentiments, je t'offre juste les miens, d'un amour sincère, car *c'est à l'ombre de tes pas, que j'ai trouvé la lumière.*

PAS DE THÉORÈME / ταλαιπωρία

Crois-moi cher cœur égaré, la découverte est bien plus grande dans une relation qui se risque à perdre du temps, que dans l'accumulation des prémices passionnelles qui se ressemblent toutes - la tristesse est immense chez ceux qui se tendent des miroirs par peur de leur reflet. Partout, les orpailleurs creusent des fosses, des hypogées sinistres où ils entassent les conquêtes comme une victoire, pour ma part j'ai choisi de rester, là, à m'enterrer sous cet espoir étrange que la lumière existe sous ma fidélité, que la richesse n'est pas d'or ou d'argent, de soleil ou de lune, mais d'une source d'eau incolore, pleine de toutes les nuances du cosmos, qui ne brille pas certes, mais qui fait luire l'univers que *je veux partager avec elle.*

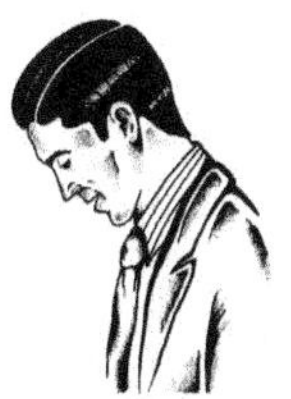

Jeune, je voulais *aimer* - mais les barrages étendus de la masculinité compétitive ont tenté de me détourner de cette voie, affirmant à mes oreilles de romantique qu'*être un homme* s'accompagnait de la domination du féminin, qu'il me fallait, moi, petit garçon poétique, avoir des femmes mais n'appartenir à aucune. Jamais je n'ai entendu de discours plus éloigné du réel, et j'ai le cœur en peine à l'idée de ces mâles qui, par terreur de l'amour, par manque de confiance en eux-mêmes, jamais ne connaîtront toutes les exquises saveurs des multiples baisers d'une unique.

Choisir une personne, en faire quelqu'un sous les tendres draps solitaires de notre cœur abandonné, c'est un voyage qui mène toujours au même lieu, mais qui nous fait traverser davantage que le monde. L'autre, c'est ma terre, l'autre, c'est chez-moi, elle a l'odeur de ma maison, ses pièces je les connais bien plus que moi-même, pourtant elle reste à jamais ce *toujours*, nouvelle à chaque instant.

Sa

compassion

c'est sa

prison.

Car elle est

si grande,

qu'elle

confond

AIMER,

et

VOULOIR

SAUVER

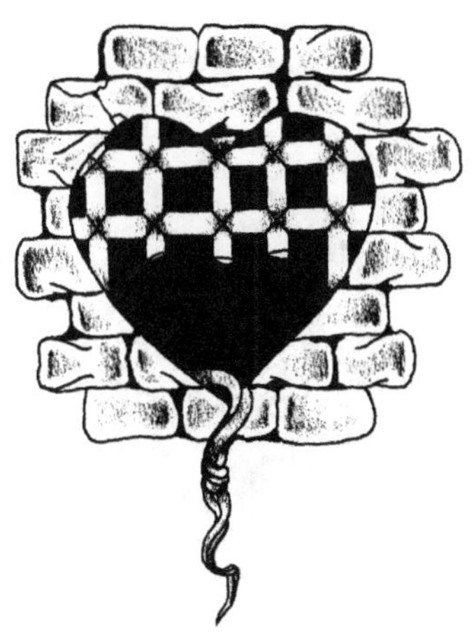

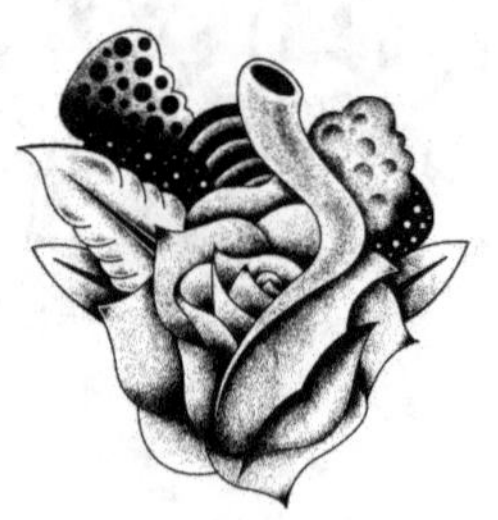

cœur anonyme

ET QUELQUES CONNEXIONS

*dis-moi
qui,*

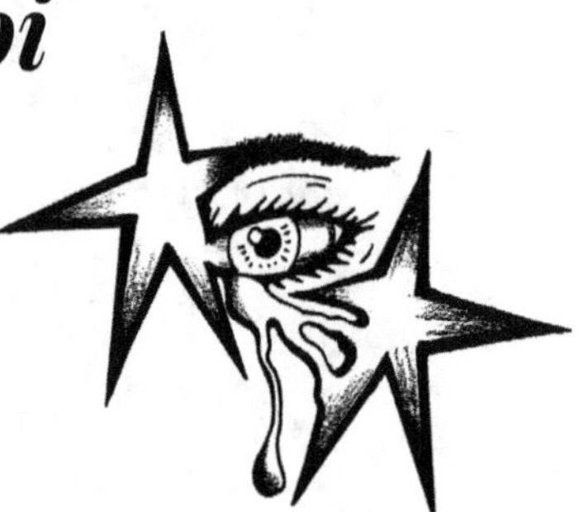

Dis-moi *qui*,
qui portera ma vue vers les océans
où l'horizon est aveugle ?
Qui m'apprendra à danser
sans avoir besoin de musique ?
Qui m'offrira des cadeaux
à la richesse des souvenirs ?
Et qui pourra m'aimer pour que je m'aime un peu ?
Qui m'écoutera comme
il s'écoute lui-même ?
Qui me lira pour me donner
envie de lui écrire ?
Qui me réchauffera
avant que le froid ne se lève ?
Et qui m'apprendra l'alphabet du silence ?
Qui recouvrira mon nom
avec la passion d'une dernière fois ?
Qui fera de l'arc-en-ciel un pont
vers les retrouvailles ?
Qui m'emmènera
à des soirées pour s'isoler   sur un balcon ?
Et qui me jouera
des chansons d'amour
avec sa peau ?
Qui me fera voir le matin
en rendant la nuit supportable ?
Qui me baisera fort - à m'en faire oublier
la faiblesse de ma solitude ?
Qui me donnera sa salive
pour stopper les craquements de mes lèvres ?
Et qui me dira *je t'aime*
sans chercher à mesurer
les risques de l'engagement ?
Dis-moi simplement qui, je veux entendre sa
voix, tais-toi maintenant, et dis-moi que c'est *toi*.

j'aimerais être un objet,

J'aimerais être un objet, un cercle inanimé autour de ton doigt, un paquet de folies dans tes poches, qu'ainsi, partout sur ton corps *je sois en balade,*

à me perdre dans les racines de tes cheveux, à t'offrir une pause coupable pour soulager ton chagrin, à caresser ta cuisse quand tu retiens un désir, à essuyer tes larmes ou à cacher ton sourire, et à trôner au dessus de ton plaisir lorsque *tu es seule avec ta main.*

le problème de l'amour moderne, c'est qu'il est public.

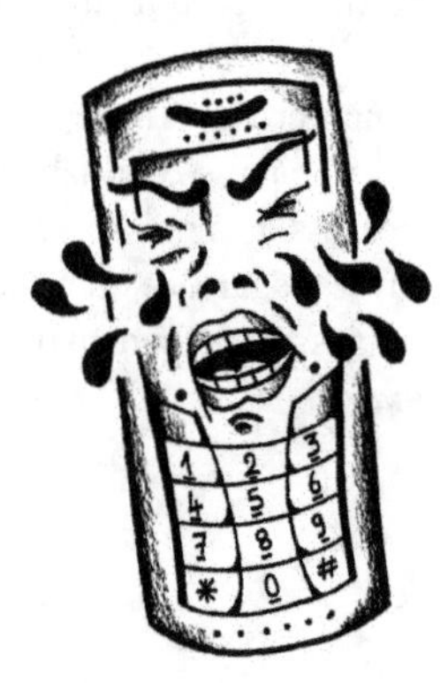

Cette génération est-elle incapable de s'aimer ?
Est-il impossible de se satisfaire de ce que nous
apporte une seule personne ? Avec tous ces réseaux
immondes où l'on s'expose comme des morceaux
de viande avariée, ça pue, ça suinte le mal-être et
la tromperie, ça s'embrasse en regardant des séries
Netflix, puis ça envoie des
nudes caché dans la salle de bain.

Ça se dit *je t'aime, il n'y a que toi dans ma vie,*
et ça drague par messages sous la couverture
une fois venue la nuit.

Ça copie-colle des messages d'amour pour
gagner du temps et *perdre du cœur,* ça désacralise les
tu me manques, je t'embrasse, je pense à toi,
à force de les répéter sans
les penser.

Et voilà, c'est répugnant n'est-ce pas ?
En ligne, tout le monde est amant.

Et le plus triste dans leurs histoires si courtes
qu'elles tiennent sur des posts Instagram,
c'est qu'ils n'en sont que les victimes,
ce n'est pas de leur faute.

En permanence tentés, en permanence jugés,
ils ne savent plus qui ils peuvent (doivent ?) aimer,
et pire encore, ils ne savent plus qui
ils sont réellement,
dans la masse
ils ont noyé
leur identité.

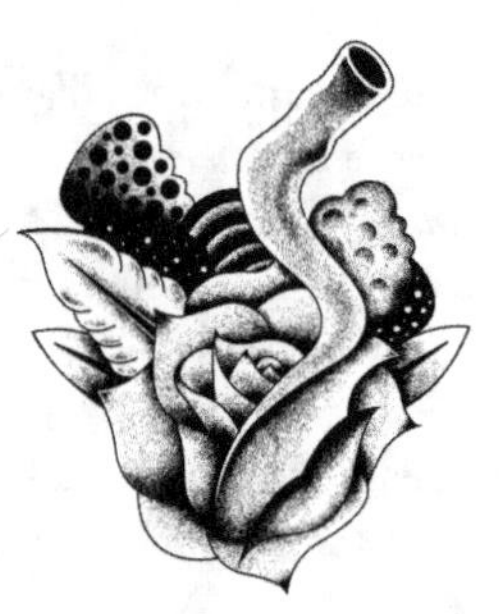

cœur polisson

ET QUELQUES VICES

héroïne

(Quand y rêve que x soit libre)

CE QU'ELLE EST

x monte les marches de sa propre dystopie, et du haut de ce monde aux allures de couloir sans lumière, elle ouvre la porte pour laisser place à la fureur d'un incendie, et même si une légère peur la transit, c'est la liberté qui brûle cet univers où elle ne supportait plus son rôle.

ADIABLE !

Cette fois, elle dansera sur l'éponymie de son histoire, ses chevilles bordées dans des rubans de confiance et de courage, elle n'attendra plus jamais une parole pour dicter sa nature, non, elle n'attendra plus jamais un geste pour corriger son allure, sa droiture sera de vivre, comme elle l'entend, et l'alphabet des hommes bons, ou mauvais, ne pourra rien changer à *ce qu'elle est*.

liaison

(Quand y touche x)

NUE ET LIT

Je chancelle le long de ta peau, j'en frôle les bordures, tout d'abord avec les mots, puis avec les coutures de mes mains qui cherchent à emballer ton cœur, tel un cadeau...

C'est avec équilibre, que je tiens la menace d'une chute proche, ô... je la sens qui vibre, mais ta gravité m'attire vers le haut, et le moindre de mes mouvements me ramène aux lignes de ton visage, tes linges s'émiettent au contact du sublime, mélange de ta beauté et de ma laideur, comme un mouchoir sous une étincelle, mon amour, tu es si belle, lorsque tu danses avec frénésie sur le courant de l'ardeur de mes tendresses, mais ces véhémences s'accompagnent de ferveurs violentes, et sous les griffures des *encore*, nos copeaux de peau voltigent dans la nuit, voilà, voici, qu'une NUÉE LIE nos envies.

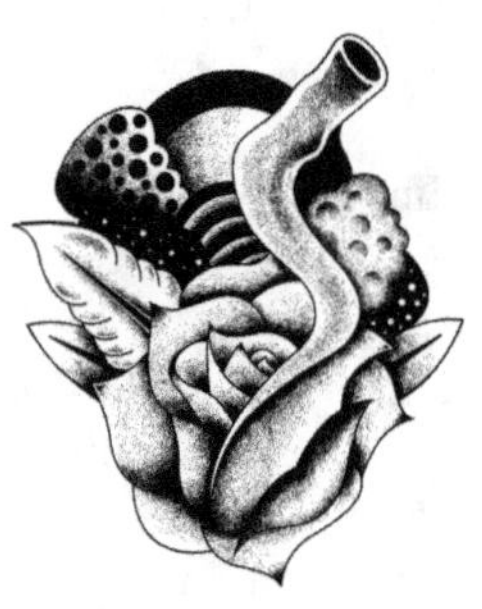

cœur boiteux

ET QUELQUES FLAMMES

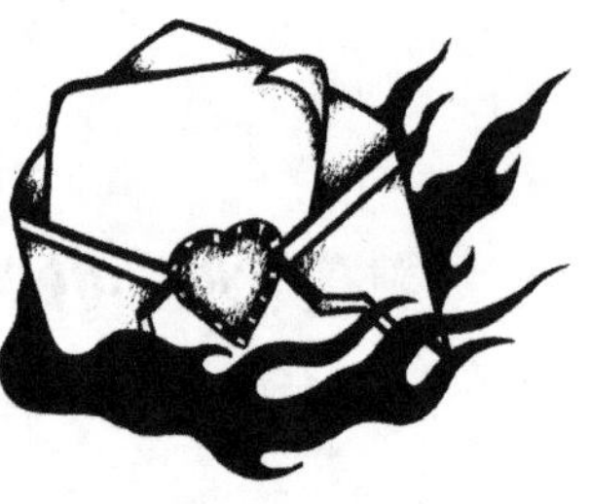

lettre
au vent

Où est-elle ? Cette âme qui m'attend et qui prend de mes nouvelles, cette portion de chair qui vagabonde dans mes bras, et pour laquelle je m'inquiète des blessures. Où est cette voix ? Cette parole ardente venant rompre mes silences, venant déchirer l'acide solitude de mon *cœur boiteux*.

Où sont les caresses ? Ces habitudes, ces promesses de la peau, ces gestes, ces étreintes, ces morceaux de baisers qui transforment l'allure du monde, à l'image de ces ailes d'oiseaux donnant des coups de poignard au vent. Où est ce regard ? Foudroyant comme la pluie, pensif comme une prière, dans lequel je pourrais vieillir en paix - noyer mes secrets, et étouffer ma peur de vivre.

Où est ce sexe ? Brûlant comme un orage dont on veut boire la moindre goutte, dont on veut enlacer le moindre éclair, pour suspendre le temps en équilibre sur un fil de salive. Où est-elle ? Celle qui cherche la compagnie d'une autre mélancolie, celle qui souhaite donner tout ce que j'ai à offrir, et recevoir tout ce que j'ai à prendre.

Si vous la croisez dites-lui que je l'attends, caché comme un enfant espérant la fin de la partie, derrière la buée des réseaux, devant une tristesse enneigée, là où, sur un morceau de béton, pousse une fleur abîmée, qui survit, malgré les bruines de son absence, enlacée de cette douce folie qui veille bien tard, cette petite manie des cœurs en sommeil que l'on nomme espoir.

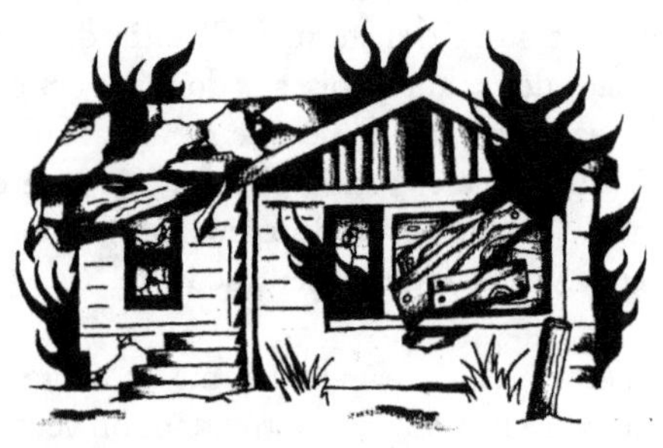

labyrinthe
d'énigmes

Son corps sourit toujours, mais son âme est pleine de rides, marquée par l'asthénie elle se balade dans sa propre mélancolie, exténuée par ceux qui prétendent l'aimer, et qui s'entêtent à la résumer à son charme, comme le parfum de ces fleurs dont nous ignorons le nom mais qui nous émeuvent.

Elle voudrait avoir la chance d'être autre chose qu'une inconnue, autre chose qu'une image dont on use pour se glorifier de sa beauté, devenir plus qu'une surface, plus qu'un espace où les corps viennent pour ne laisser que la résonance de l'oubli, et le bruit assourdissant du regret.

Alors, dans son monde elle dresse haut des passages ombragés, elle fait de ses émotions un labyrinthe d'énigmes - *une maison en flamme* reflétant sa complexité, dans l'espoir que le prochain aventurier ait le courage de la patience, la tendresse de celui qui préfère *la comprendre*, que la posséder.

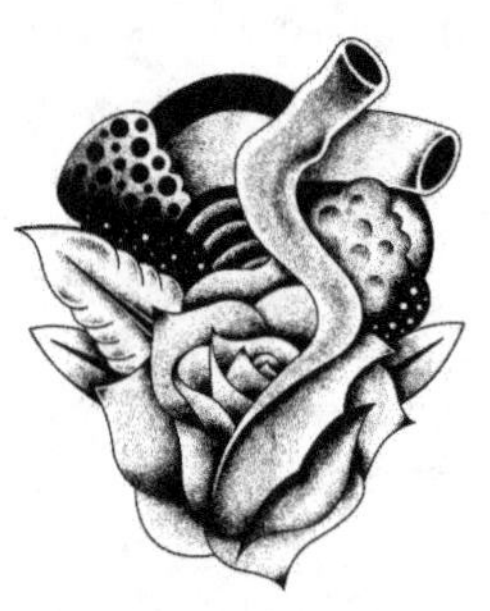

cœur rescapé

ET QUELQUES PLAISIRS

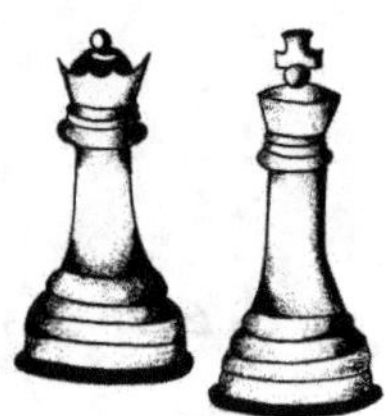

au secours de soi

Même si ton cœur, tendre arôme d'envie, a fait l'erreur de mal s'habiller, de se couvrir de la mauvaise robe de nuit, tu dois le porter ; ne le laisse jamais dans les bras de celui qui l'a brisé, et pardonne avec fierté, avec la même compassion que l'on éprouve face à l'enfant qui un instant s'écroule pour mieux s'envoler, maintenant relève-toi mon amour, ce n'est qu'une passion, qu'une épreuve, qu'une petite houle dans l'océan de ta vie, tu n'as rien à prouver *ici*.

Même si les cœurs des autres, de mensonges maquillés, t'ont trahie sans pitié, sache qu'il y a de la lumière au loin de l'ombre de ceux qui t'abandonnent, les mains sales qui t'ont touchée ne doivent jamais entacher ton amour-propre, tu peux te tromper de porte et continuer d'avancer, conserver le nu de ta beauté, c'est *ainsi*.

Alors, ne laisse pas ceux qui t'ont fait croire à la dentelle en te recouvrant de ronces, décider de la mélodie qui en toi prononce les espoirs infinis de romance, de *oui encore*, de *non ce n'est pas fini*, car tu restes de ces fleurs qui ne gardent pas le silence, oui ce soir blesse, mais le passé apporte la tendresse, tu ne dois pas avoir peur, car même si ton cœur, de pleurs est fissuré, il reste toujours *entier*.

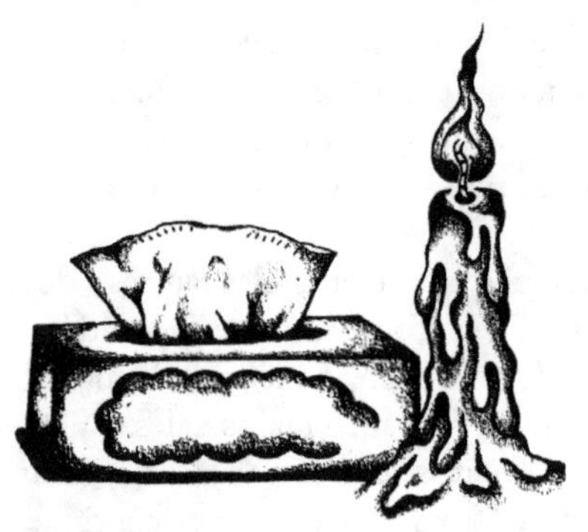

le manque brut

Sur le canapé, je prélasse mon manque.

Je me masturbe çà et là, pathétique, dépecé et décharné de celle que j'aime, *x*.

Ô qu'il est *vain de jouir*
sans un autre pour nous apporter le réconfort du
partage, même domptée la solitude conserve toujours un parfum amer, au dos de tout ce sucre
(salé) étalé sur nos corps.

*Le mouchoir blanc est l'outil symbolique idéal du
manque de l'autre, il recueille les semences du désir et
du cœur, celles du plaisir, et celles des pleurs.*

(EJTE)

La télévision est éteinte,
(trop de vie pour mon état de mort), mais un défilé
de chansons passe sur Youtube…

Je n'écoute que les premières minutes,
en souvenir de mes premières fois avec *x*.

C'est ça *l'amour de loin*,
de la musique, une lueur,
et un paquet de mouchoirs.

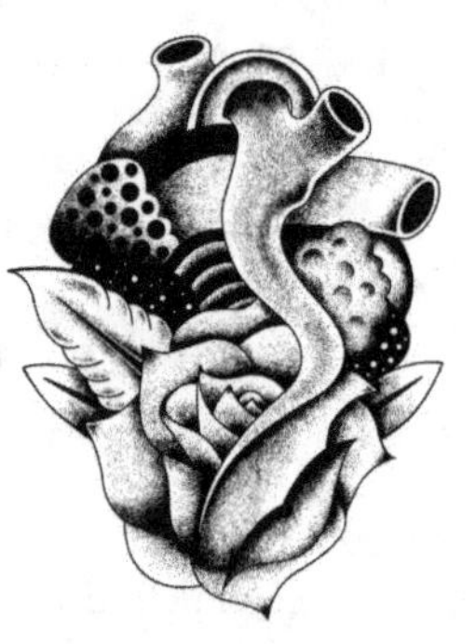

cœur insomniaque

ET QUELQUES STUPRES

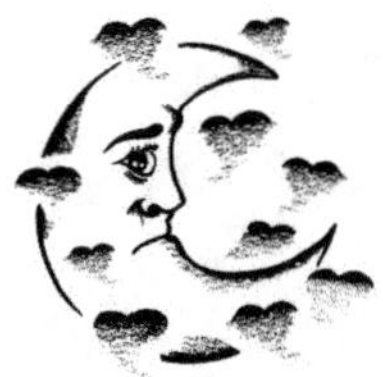

sous la lune de ta peur éphémère

Sur la lagune de ta peau solitaire, je débarquerais par un flot de tendresses, des envies nocturnes dans la chair et des baisers à la place des promesses, *sous la lune de ta peur éphémère*, je me mettrais à genoux, le sucre de ta langue autour du cou, je lécherais le sable de mes lèvres sèches, avant d'être inondé par la vitesse de nos *chants silencieux*, de nos bouches ouvertes qui ensemble sont fermées, ô que ce sera bon d'être deux, ô que ce sera bon d'être aimé ! Et nos accolades s'embrasseront mon amour !

Nos effleurements sonneront les pénétrations du lever du jour, du minuit des amoureux, tu sais, là où l'on confond les temps à oublier les cieux, là où le prologue d'un *je t'aime* est l'épilogue d'une vie, là où les orgasmes sont *de chair et d'os*, de *cœur et d'âme*...

Et puis ce sera beau là-haut, je voudrai y rester, là où les nuages sont faits de draps blancs et de tissus froissés, là où ta beauté sauvage me rendra docile, et que je sois prince ou aventurier, tu resteras reine de cette île crois-moi, je serai le sujet le plus attentif, à la naissance d'un désir, déjà, je viendrai le conclure des prémices d'un nouveau plaisir, qui ne sera qu'une ligne sur le livre de notre aventure, car moi je ne souhaiterai rien conclure, je voudrai sans cesse te séduire, et je te dirai :

Ô que cela dure je t'en prie ! Je ne fais pas partie de ceux qui souhaitent s'enfuir... Que cette nuit soit immortelle...

Des gouttes ? Oui je pleure mon amour, je pleure de te savoir cette elle que je cherche depuis toutes ces années ! Oui je pleure mon amour, mais en rien d'une tristesse décharnée, si tu perçois quelques larmes c'est que mes yeux sont humides de ta lumière, tu as l'aveuglance du soleil ! La croyance d'une prière !

Tu m'as sauvé... moi qui étais perdu dans le rythme des brasses d'un noyé des sentiments, mon chagrin est mort dans la grâce éjaculée de notre attachement.

Bon, il est tard je crois,
la lune pleure la nuit, et je pense à toi.
Pourquoi l'aimé est synonyme d'insomnie ?
Comme si la vie était trop mince pour supporter
la présence de tout cet amour, comme s'il fallait
ajouter des jours au poids de l'absence.
    Je regarde mon portable,
et peu importe où mes yeux se baladent je ne vois
que ton silence, partout, sous les posts, les hash-
tags, les commentaires, et toutes ces notifications
de messages qui ne viennent pas de toi.

Bon, il est tard je crois, la lune pleure la nuit, et je
pense à toi, mon amour ne pose qu'une question :

     Est-ce que toi aussi ?

JE VEUX TROUVER QUELQU'UN, AVEC QUI L'ENNUI EST UN PLAISIR

Seul, j'ai détaché mon regard des arbres qui survivent à nos temps, alors mes yeux se sont envolés pour relier les points des étoiles - puis, j'ai perdu la vue en accostant sur la lune, et, dans un silence profond, j'ai aperçu, peu à peu, bien après l'effacement du blanc, les contours de ton visage perdu dans l'océan spatial empli de silence, celui qui noie mes peines, comme je bois les tiennes, et je l'ai remercié, par des larmes sans douleur, de s'abreuver de tout ce que je suis, pour me rappeler *un peu de toi*. Et soudain, une douce étrangeté s'est glissée en moi sous le sentiment de *déjà-vu*, dans mon ventre des fourmis sont venues discuter de notre histoire, ou était-ce un papillon dont je tentais d'ignorer la venue ? J'aurais pu croire qu'un ange s'était jeté ici, ça volait dans mon cœur, bien au centre, bien en haut, tandis qu'au plus bas de mes entrailles un carillon sifflait, je me sentais rajeuni par tous ces battements de maux aériens qui me giflaient des envies, ça me tuait, et je décollais, tournoyant, voltigeant de l'intérieur ! Quel était ce venin ? Pardonne-moi mon amour, mais la peur m'avait conquis, car depuis tout petit j'ai *le vertige des lendemains.*

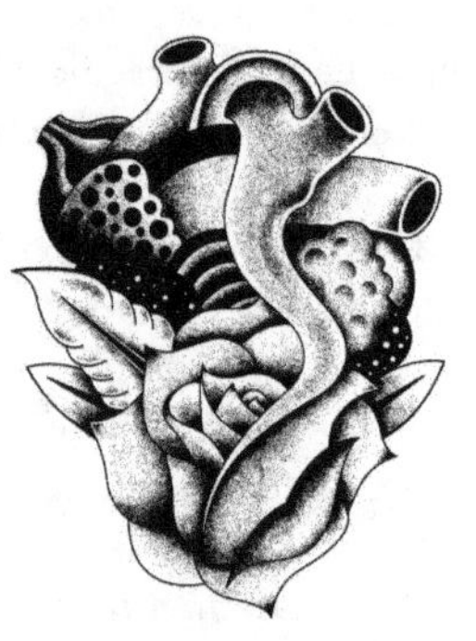

cœur isolé

ET QUELQUES DOUTES

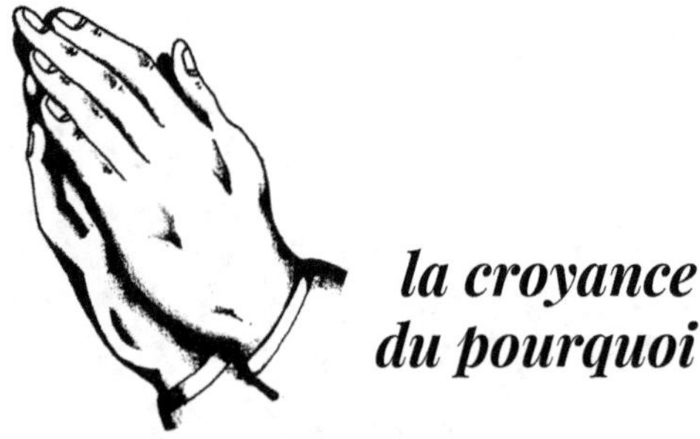

la croyance du pourquoi

Pourquoi est-ce que je cherche encore à croire en toi ? Pourquoi y a-t-il toujours une lumière dans le couloir de notre tragédie ? Pourquoi rompre avec nous ressemble à rompre avec moi ? Pourquoi est-ce que je laisse deux coussins gelés sur mon lit ? Pourquoi est-ce que je sors *deux verres* pour me saouler ? Pourquoi est-ce que je ne fume que *des moitiés* de cigarettes ? Pourquoi est-ce que je somnole comme si tu étais à mes côtés ? Pourquoi lorsqu'une amante approche je la rejette ?

Pourquoi les vagues ne cessent-elles jamais de renaître ? Pourquoi la lune ne me laisse-t-elle jamais dormir ? Pourquoi le vent me pousse-t-il vers ta fenêtre ? Pourquoi en amour *promettre* est synonyme de *mentir* ? Pourquoi est-ce que je pleure lorsque je t'oublie un peu ? Pourquoi est-ce que je m'en veux de me guérir ? Pourquoi as-tu fait de mon cœur un foyer sans feu ? Pourquoi est-ce que ton odeur se balade dans d'autres sourires ? Pourquoi est-ce que j'écris alors que tu ne me lis pas ? Pourquoi est-ce que je crie les lèvres closes ? Pourquoi est-ce que te quitter ne me ressemble pas ? Pourquoi est-ce que je vis notre histoire alors qu'elle est *sur pause* ? Pourquoi est-ce que j'attends encore minuit sur le banc de notre rencontre ? Pourquoi est-ce qu'en marchant je tiens la main à une ombre ? Pourquoi est-ce que je suis *pour* alors que tu es *contre* ? Pourquoi est-ce que ma vie ressemble à nos décombres ? Pourquoi les chansons tristes me font penser à toi ? Pourquoi les chansons heureuses sont tristes aussi ? Pourquoi l'été me laisse-t-il avoir si froid ? Pourquoi est-ce que je lis nos conversations comme une poésie ? Pourquoi es-tu si belle quand la neige fond sur ton nez ? Pourquoi est-ce sur ta peau que j'ai appris à aimer ? Pourquoi est-ce que fermer les yeux c'est regarder au fond des tiens ? Pourquoi est-ce que tes doigts sur mon visage me faisaient tant de bien ?

Pourquoi ? Pourquoi ?
Pourquoi ? Pourquoi ?

Parce que c'est toi.

J'ai toujours eu besoin d'être aimé, j'avais ce vide
en moi, un creux, un espace à combler de je ne
sais quelle chose, à chaque relation je criais ma
dépendance affective sans le vouloir, c'est pour ça
que notre rencontre m'a libéré, parce que, pour une
fois, je n'ai pas eu à forcer l'amour, c'était naturel,
je n'ai pas dû tirer la couverture du romantisme
pour me réchauffer, tu ne m'as pas laissé avoir
froid, tu as partagé la place dans le lit, et ça, cette
sensation, cette réalité, d'être sur le même pied
d'égalité, je dois dire que c'est reposant, alors mer-
ci, pour avoir été toi-même, et pour m'avoir laissé
la chance de l'être aussi.

SI LA MÉMOIRE S'EFFAÇAIT COMME LES CONVERSATIONS, MES SOUVENIRS DE TOI NE SERAIENT QU'UNE RENCONTRE

Je t'ai attendue hier,
il y avait du monde
là-bas, mais c'était
un peu vide, un peu *sans toi*,
il y avait des gens qui hurlaient, d'autres qui pleuraient, en fait dans ces fins de soirées, je vois rarement des gens rire, je suis sorti, j'ai regardé si tu m'avais écrit, et puis je me suis installé sur un banc pour fumer une cigarette, je déteste les bancs, c'est bête non ? Mais je ne sais pas, cet espace vide me fait penser à toi, et ça m'épuise, il y a plein de choses comme ça que je ne peux plus supporter, parce que c'était mieux avec toi, les séries télé avant de dormir, les balades en ville, mes grasses matinées, les restaurants, les fêtes, les amis, le monde, ma vie, et m'asseoir sur un banc pour fumer une cigarette.

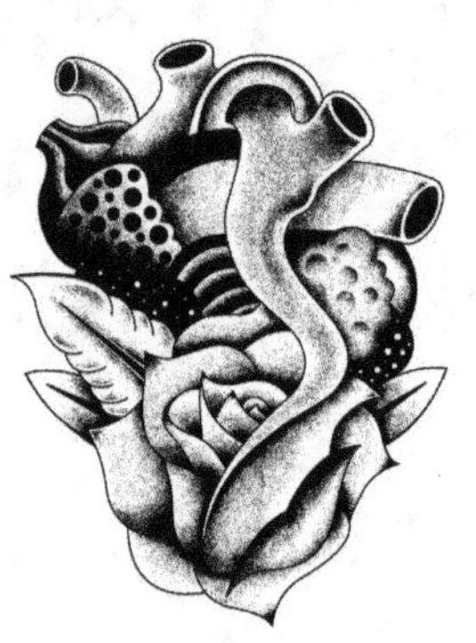

cœur égaré

ET LA VÉRITÉ

Je suis un homme qui aime.

Je pleure, je doute, je tombe et tu me relèves, alors pourquoi devrais-je avoir honte d'avoir *tant besoin de toi* ?

Je suis un homme qui t'aime, *toi*, *toi*, *toi* et tes yeux mer, érosion de ma stupide fierté, mon éclosion de l'éros dans ce monde décharné où il ne pousse que des *fleurs enchaînées*, tu es ma marée, ma noyade, mon rivage, mon bord de fleuve où je fume une cigarette les pieds dans l'eau, tu es la pirate de tout mon océan, et la sirène, et les chants, et les puissantes pluies battantes sur les plages sans montagnes, et la tempête où un goéland récite des poèmes qui accompagnent ma chaloupe, qui chavire, au plus profond de tes veines, ô que c'est bon, ô que *je t'aime*.

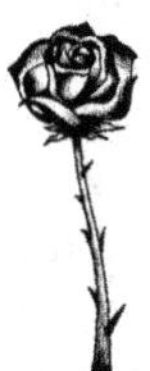

Soudain, elle se retrouve heurtée par le pire des sentiments, celui qui empêche d'en ressentir, c'est comme si son cœur, à force d'épines et de drames, disait stop, là c'est trop, je ne laisse plus rien fleurir, je ne laisse plus rien pousser, je ne laisse plus rien grandir, et je m'enveloppe, je m'emmaillote, je m'emmitoufle dans un drapé d'ignorance - je me protège, les émotions immobiles, d'un aquilon impénétrable, d'une façade qui hurle l'amour n'est pas pour moi, laissez-moi tranquille. Et comment la blâmer ? Comment reprocher à cette femme d'être fatiguée, alors qu'elle a tout donné à l'amour : sa tendresse, ses baisers, sa passion, sa sexualité, ses désirs, son affection, ses plaisirs, sa compassion, son attachement, son érotisme, ses enchantements, son romantisme, son adoration, sa sincérité, son abnégation, sa fidélité, ses joies, sa sensualité, sa dévotion, ses voluptés, ses frissons, sa loyauté, son âme et son temps, son passé et son présent… son respect, ses secrets, ses ardeurs, ses étreintes, sa ferveur, ses caresses, son sourire, ses promesses, et même ses faiblesses ! Son charme ! Ses folies ! Sa générosité ! Son intimité ! Sa timidité ! Ses confessions ! Ses extases ! Sa rédemption ! Sa beauté ! Ses idées ! Sa croyance ! Son estime ! Et plus que tout le reste, son courage. Et même si elle n'attendait rien en retour, elle a récolté la déception, la souffrance, le désespoir, la jalousie, la solitude, le mépris, le chagrin, l'indifférence, la tromperie, les tourments, la mélancolie, le tragique, les caprices, le désintérêt, l'égoïsme… des soupirs et de la cruauté, des inquiétudes et des drames, la tristesse, et le narcissisme d'un fantôme… Ce soir, je pense à elle, en me demandant où est cette fameuse *justice de l'amour*, où se cache-t-elle ? Que je l'arrache à sa terre lointaine, pour la planter aux pieds de cette femme que j'aime, car elle *mérite d'être aimée*.

Il y a quelque chose dans cette femme qui a souffert - une chose, plus pure que les frissons de la lumière, plus dense que le chaloupement des ombres, plus honnête que la vérité, plus aimante qu'un premier baiser - Quelque chose de plus triste que la pluie, de plus harmonieux qu'une symphonie, une berceuse, non un poème, cette chose, c'est qu'elle aime, si fort, et d'un amour si grand et pressé, que sa poitrine pourrait imploser sous le poids ardent de sa tendresse. Ô dans cette femme, plus que la détresse il y a un piano en pleurs, oui des larmes qui rêvent de sourires et un étrange espoir qui désire, plus que de connaître la joie, de transmettre le bonheur à un autre. Alors, si cet autre c'est soi, si cet autre c'est toi, prends soin de sa blessure, ne cherche pas à la guérir - c'est un possible au-delà des mesures, - mais à l'apaiser, comme la main d'un parent sur le front d'un enfant, comme le mouchoir blanc sur le corps d'un blessé, et récolte, oui récolte les douleurs rosées, et éponge, oui éponge les sueurs dorées, et donne, donne plus que toi-même, à celle qui, dès la rencontre, t'a donné tout ce qu'elle est, tout ce qu'elle aime, tout ce qu'elle-même peut signifier - *lorsqu'elle aime.*

Tout lui semblait terne sans amour, le ronflement des plages, la bêtise des vagues ne cessant de mourir, les appels de phares dans la nuit sur les routes de campagne, la froide sécheresse des bâtiments de la ville, les feux tricolores toujours indécis, les cadenas pendus aux ponts en fausses promesses, et tout ce que le monde faisait de quotidien - Mais, lorsqu'elle aimait, tout prenait l'allure des étoiles, les plages étaient dorées de poussières angéliques, les vagues embrassaient le ronron de l'infini, les appels de phares faisaient clignoter les nuits de lucioles électriques, les bâtiments débordaient de chaleur humaine, les feux tricolores rythmaient de ralentissements un monde toujours pressé, les cadenas scellés au métal sifflaient des raisonnements d'espoir, et tout ce que le monde faisait de quotidien devenait d'une sublime banalité - Ô lorsqu'elle aimait, *le monde la suivait.*

Elle traversait l'étrange sentiment d'être en retard dans sa vie, son chemin, qui devait être lisse, lui semblait recouvert d'imperfections et d'irrégularités, à croire que le destin avait jeté des pierres sur sa route, des gravats d'imprévus menaçants menant aux mauvaises directions - pourtant elle avançait encore, sous les arbres aux formes chaotiques qui surplombaient son paysage, s'écorchant les mains dans les embrasures de ce destin qui ressemblait à un tas de draps froissés, elle espérait l'apparition d'un vent d'amour, là, dans le creux de ses reins, ses reins pleins de vertiges et de caresses oubliées, ces reins creusés par les marques de l'absence, pour ne pas tomber, pour l'aider à avancer, un peu plus haut, un peu plus loin. Ô elle avait aimé par le passé, soufflant sa tendresse innocente à pleins poumons, mais l'étouffement de la détresse était venu lui rappeler qu'il fallait respirer pour soi-même, au risque de s'oublier dans la vie d'un autre. Alors, elle avançait toujours, le bras tendu vers une ombre, qui, un jour peut-être, sera recouverte *d'un amour réel*.

Oui c'est idiot à dire, mais elle aimait trop, si fort et si fiévreusement que l'amour était sa maladie, son cœur avait toujours la goutte au nez. Oui elle aimait trop, si fort et si démesurément qu'elle culpabilisait même de quitter celui qui ne la méritait pas. À croire qu'elle avait le cœur plus grand que l'amour. Non elle n'avait pas peur de partir, ô elle ne manquait pas de courage - mais, son âme se refusait à croire qu'il était impossible de sauver les autres en les aimant sincèrement. Voilà ce que je peux nommer sans hésitation,
une femme extraordinaire.

Mais moi j'ai le cœur jardin, enraciné de pampres aux grappes romantiques, de rosaces ventriculaires et de baies aux formes de papier froissé - c'est le mystère là-dedans, pourtant je tente de ranger - d'un battement à l'autre je trimballe des poignées de terre, je plante des espoirs et des rêves, je récolte des vérités comme des mensonges, et j'apprends par la sève, qu'il faut souvent du fumier pour mettre au monde la beauté,

et la raison - de mes regrets naissent des rigoles de lilas, et de mes remords naissent des espaliers de tulipes, ô des déchets je bâtis des treillis de convictions - dans ma botanique, il y a des allées pleines de souvenirs, et des pétales qui te ressemblent, fanant sans mourir, arrosés de temps en temps d'une bruine pleureuse,

dans mon horticole, il y a des ancolies ombragées de fiction, par des tonnelles de ronces, et des opercules recouverts d'ovules de fleurs souriantes, protégeant tes cendres en gardien désarmé - et au centre de ce *joyeux bordel* réside un tonneau, percé mais sans fond, d'où s'échappe en fontaine un vin qui porte ton nom...

regarde ! Voilà qu'un torcol gigote le bec en s'abreuvant des gouttes, avec ses reflets d'écorce il émet en moi le doute, que de mon chaos peut jaillir l'amour,

-                *malgré*   *tout.*

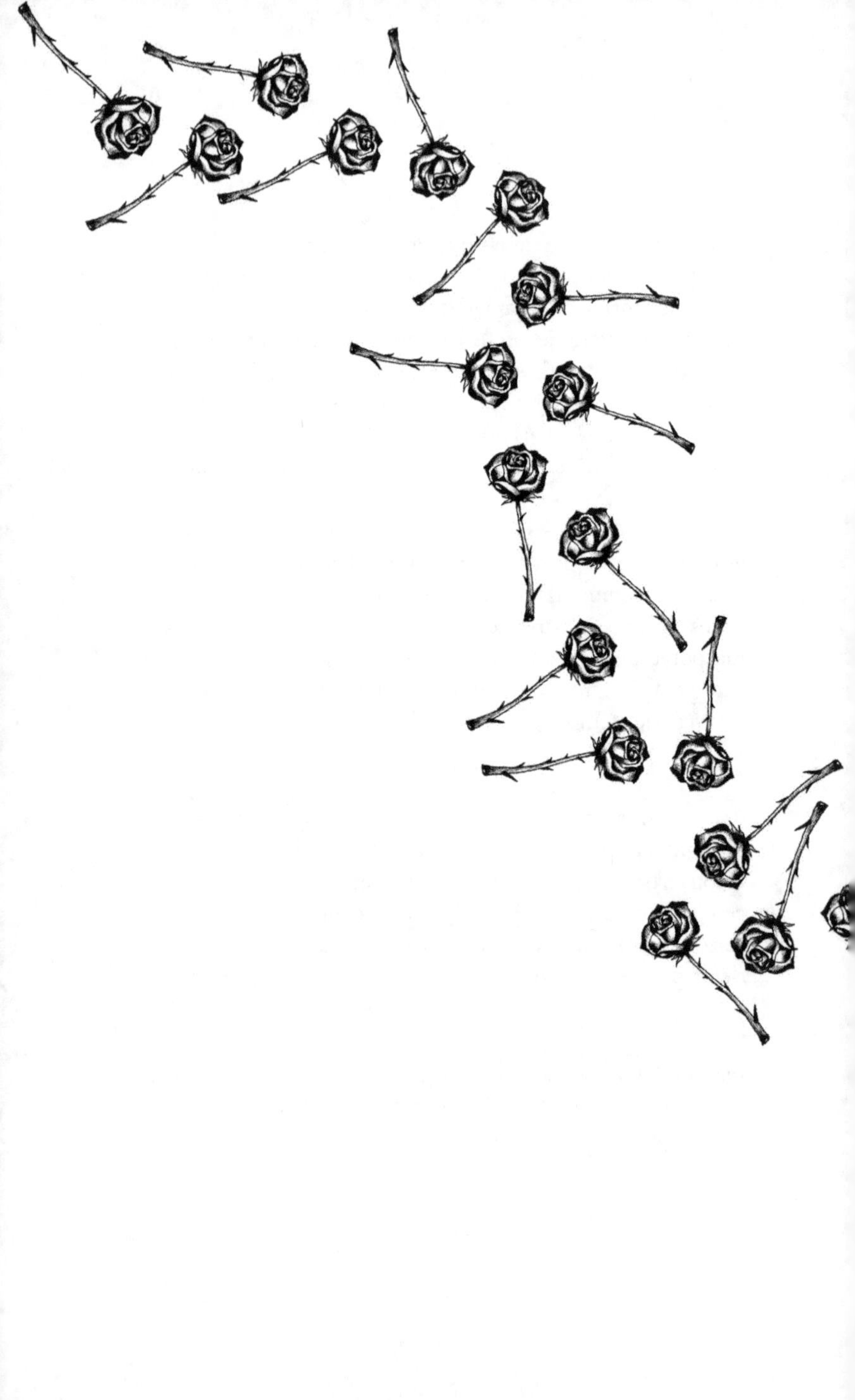

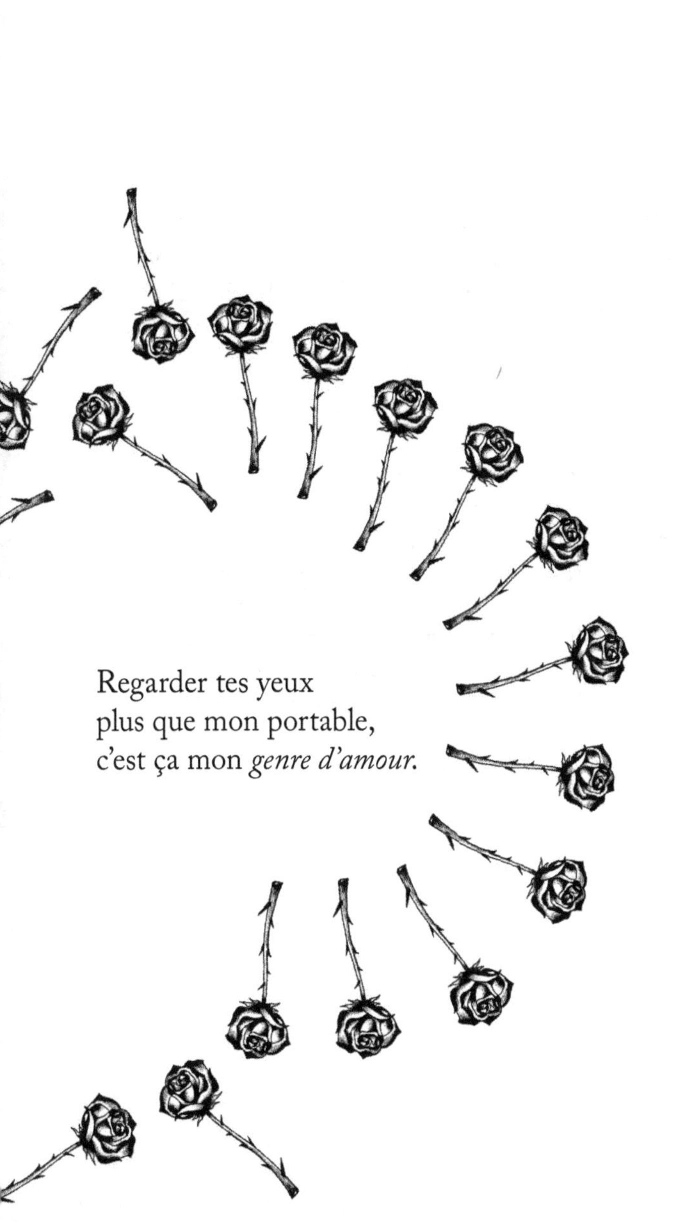

Regarder tes yeux
plus que mon portable,
c'est ça mon *genre d'amour*.

je la regarde

Elle souffle à la surface
de son café
avec une précision voluptueuse, ses lèvres
esquissent lentement
un baiser et, un filet d'air portant son parfum
vient dissiper la brume surplombant la tasse, des
particules de vapeur viennent s'échouer sur les
verres de mes lunettes, je vois flou, je ne vois rien,
et ainsi je comprends que
je n'ai même plus besoin
de la regarder
pour la voir,
même dans le néant,
dans le noir abyssal de l'oubli, je ne vois qu'elle...
ses pommettes rougies comme si le soleil venait
draguer la lune, ses poignets, fins comme le
vide entre mon pouce et mon index lorsqu'ils
s'embrassent, sa gorge, harmonieuse et élégante,
où s'agglutinent des reflets ocres et lisses, comme
du miel coulant le long d'une cuillère en bois, ses
lèvres, charnues et légèrement gonflées, comme
un gâteau s'épanouissant au fond d'un four, ses
paupières recouvertes d'un maquillage renversé,
où s'effondrent

encore

les

gouttes asséchées
de son chagrin.

Ô c'est certain,
même si je perdais la vue,
je la verrais toujours.

*elle avait la sensation de laisser
échapper son âme dans le vide,*

sous les étoiles mouillées, au rythme des vagues
d'une bruine mélancolique, elle fixe l'écran de son
portable jusqu'à en pleurer.

Il est sombre cet écran - elle le déteste - car il
n'affiche que son reflet troublé par les larmes, ces
petites gouttes d'elle, fragiles comme la pluie,
formant des bulles de tristesse qui, si elles sont
percées, ruissellent partout, sans jamais chuter.

Si jamais elle cherche à lui écrire, à communiquer,
l'humidité accumulée de sa peine vient déformer
ses mots, les *je t'aime* deviennent des *au revoir*,
les *tu me manques* des *je vais bien*, ses sentiments
sont travestis d'un timide mensonge, c'est une
souffrance injuste, comme si sa douleur refusait
qu'elle appelle à l'aide.

Accablée, elle jette son regard dans l'horizon,
là où luttent la lune et les nuages,
il ne lui reste qu'à
se demander qui
va avoir raison,
la lumière, ou
la grisaille.

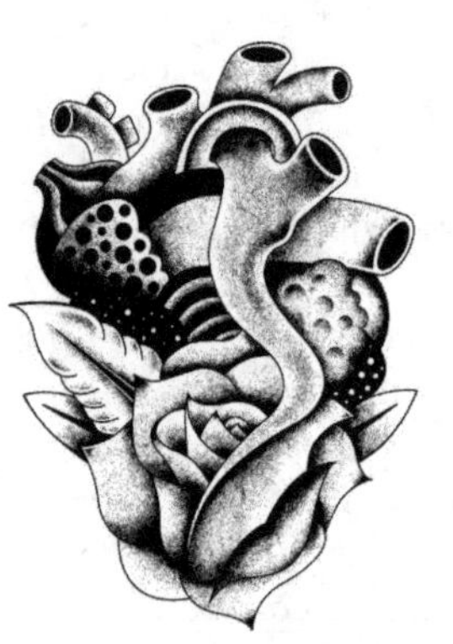

cœur retrouvé

ET NON-SENS

<u>rappelle-toi</u>
<u>le temps passé</u>
<u>à</u>
<u>se</u>
<u>frapper</u>
<u>avec les lèvres</u>

Je voulais survivre au mal marin de l'amour, et dans ma folie j'ai traîné mon cœur d'une main d'ivrogne, comme l'égaré spatial cueille une étoile pour éclairer son errance - en résumé : j'ai cherché l'*impossible*, je n'ai rien accompli, je n'ai fait que tenter ma chance - j'ai laissé mes souvenirs entassés en amas de vaisselle sale - je n'ai pas eu le courage de faire le ménage dans mon passé - j'ai laissé les ombres grandir, et mes draps d'enfant s'émietter, je suis resté seul - face à mes monstres...

Maintenant ?

Je suis toujours là, je regarde le ballet, les parasites et les spectres qui copulent, qui dansent pour me séduire - mais je ne cède pas, même sans couverture je conserve mon âme de bambin, celle qui bouscule mais s'excuse, celle qui pleure mais sourit, celle qui subit, mais espère - oui j'ai l'amertume en bouche, qui éclate en graviers, ce qui rend la vie souvent imbuvable, écœurante et douloureuse, mais dans le cœur j'ai des bonbons - des sucettes, des caramels et des fleurs par centaines - je ne crains rien ici, sous ma peau, tant que j'ai mes rêves, mes convictions, mon épée de plumes et ma *cage d'édredon*.

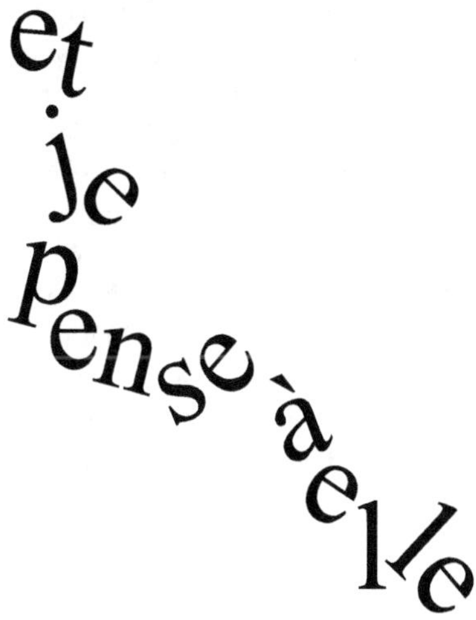

quand on se touchait sans y croire, et quand on y croyait sans se toucher.

Soudain je pense à elle, c'est inévitable, je vois son corps sur le miroir de mes yeux clos, il y avait quelque chose dans sa nudité, je t'assure, quelque chose de plus grand que le corps, de plus délicat que les caresses - j'ignore si c'était ses grains de beauté qui semblaient avoir été parsemés ici et là, jetés comme des étoiles à l'abandon ou bien était-ce cette habitude qu'elle avait pendant l'amour, d'alterner entre les morsures et les sourires, comme si ses émotions formaient une boucle, une vague ne cessant d'aller et venir - ou peut-être cette sincérité qu'elle avait, cette facilité à la confession lorsque nous partagions une cigarette pour assécher nos sueurs - mais il y avait quelque chose dans sa nudité, je t'assure, quelque chose de vrai, quelque chose qui lui ressemblait davantage qu'elle-même - elle était simplement de ces opales rêveuses qui, face à l'amour, refusaient de *porter un masque.*

<u>elle,</u>

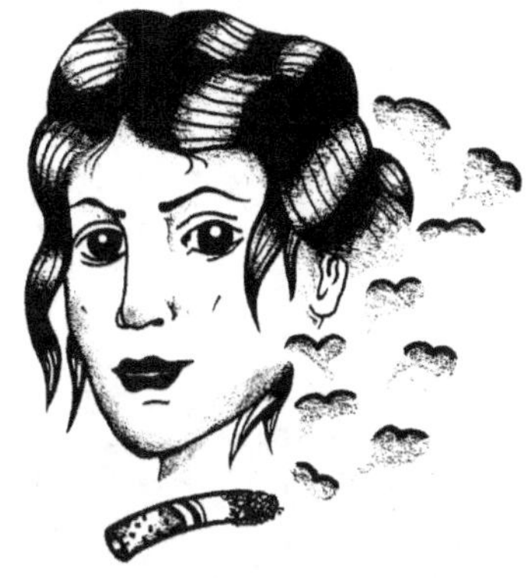

Elle a décidé de laisser les fenêtres de son cœur entrouvertes, de ne plus dissimuler ses sentiments, d'être vraie, d'être honnête, de se moquer du regard des gens. Ses yeux pivoines, mordorés de sincérité, ont des reflets ocres et bordeaux à force d'essuyer ses larmes, mais elle s'en fout, car même si elle souffre, même si elle pleure plus souvent, elle n'a plus honte, et cela change tout. Lorsqu'elle allume une cigarette elle ferme les yeux, et les étincelles de son briquet usé se mélangent à ses mèches ambrées, ça pétille des scintillements de beauté, comme une pluie d'étoiles chutant sur Terre. Elle est belle, avec son petit nez qui gigote lorsqu'elle sourit. Je ne peux m'empêcher de m'inquiéter pour elle, je me demande si, à force de franchise, son cœur baladeur ne va pas prendre froid car, même si un soleil ruisselle sur son visage, le monde reste empli de personnes aux intentions enneigées. Cela me terrifie, que quelqu'un vienne abuser de sa chaleur. Peut-être est-ce de la jalousie ? La peur, la terreur de ne pas être assez bien pour sa pureté, pour le charme de toutes ses imperfections assumées… Je l'ignore, tout ce que je sais, c'est que *je l'aime d'être elle-même*, et de s'aimer.

Tu ne peux passer ta vie à juger ta propre sensibilité, à te reprocher d'être fragile, délicate et tendre - à faire de ta propre nature un défaut, une cause aux erreurs de ceux qui n'ont pas eu le courage de rester dans ta vie - la faute est à ce monde, ce monde étrange qui voit la douceur en faiblesse, ce monde idiot qui considère la sensibilité comme une impuissance, comme un handicap au bien-être - peut-être qu'il est temps d'avoir pitié pour cette humanité sans âme qui, par peur de l'émotion, s'ampute des plus grandes saveurs de la vie - le croquant de l'existence n'est pas dans les événements, mais dans le regard que l'on y porte - savoir s'émouvoir, c'est être capable de déguster l'allégresse du temps jusqu'au noyau - mon amour, ne t'arrête jamais à la peau des choses - et si cette époque ne supporte plus les larmes, alors qu'elle vive sans nous ! Dans son enclos de sécheresse - ensemble, nous resterons sous les orages de frissons, à les entendre réaliser avec peine, que rien ne pousse sans la pluie - *pas même la haine.*

Peut-être que ce n'est pas un jour pour changer les choses, mais un jour pour réparer les fissures de ta vie - peut-être qu'aujourd'hui est gris et pâle comme la mélancolie, froid comme la solitude, mais peut-être qu'il ne faut pas que tu cherches à lutter contre ces sentiments, peut-être qu'il faut que tu les apprivoises, que tu les domptes, que tu les maîtrises pour en faire une force - peut-être que ce n'est pas un jour pour trouver l'amour dans les bras d'un autre, mais dans tes propres caresses, peut-être que la première amante de ton existence se doit d'être toi-même - peut-être que chez toi rien n'est parfait, que tout est brouillon et anarchie, mais peut-être que c'est dans toutes tes imperfections que réside ton charme le plus exquis - peut-être que tu ne dois pas accepter l'amour comme une souffrance, peut-être que tu dois comprendre qu'aimer peut nécessiter des efforts, sans jamais amputer ton identité - peut-être que tu ne dois plus essayer de changer pour les autres, et peut-être que le seul changement que tu dois tolérer, c'est celui d'évoluer, sans te renier - prends soin de toi. *Bonne nuit.*

Ainsi je suis là, le cœur épars face à ta souffrance, à me demander où sont passées tes humeurs de soleil, à chercher dans tes pleurs les rires mâchés par la peine, à me demander pourquoi, rescapé de la terreur de te perdre, je conserve l'espoir de te sauver - t'aider est ma folie, la prétention à laquelle je ne veux renoncer - mais, comment combattre ce monstre sans nom qui te ronge ? Cette bête sans forme, qui abreuve le bleu de tes yeux de l'obscurité des étoiles mourantes. Plus que ma vie, je donnerais ma joie pour être ta solution, la réponse à ta morosité, l'élixir à ta paralysie du bonheur - en lyre j'ai brodé mes mots, pour tenter de soulager les acouphènes de ton mal, mais la mélodie ne comble pas la tristesse, je le sais depuis longtemps, il faut du silence pour absorber la dépression, un silence patient et présent, comme une accolade infinie - alors je vais me taire maintenant, et j'espère que, par-delà l'écran de nos ailes blessées, tu ressens qu'*aller de l'avant*, c'est aussi *réapprendre à s'attacher*.

Je lui suis fidèle,
    si je la trompe, ce n'est
    qu'en donnant des baisers volés
    à des cigarettes d'un soir, et c'est terrifiant ;

        moi *le coureur de jupons,*
        je vois des femmes déambuler
            dans ma vie, mais je n'arrive plus
                    à les regarder ;

            quelle immense nuance
                se cache sous
            ce changement de mot !

    L'altération entre
    voir, et *regarder,*
    c'est la preuve
    de la démesure
    de mon amour.

Si un corps me plaît, c'est qu'il me rappelle le sien.
J'ai tant envie d'elle, que je n'ai plus envie de rien.

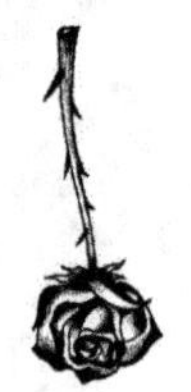

La plus grande fierté
de mon corps d'homme,
est d'avoir le cœur d'une femme.

J'ai rédigé ce petit livre maladroit pour cette femme extraordinaire qui, par la force des choses, doute d'elle-même - avec ses yeux de prune, et son cœur toujours ouvert en prunelle, elle succombe trop souvent à la démesure de son amour - et, par chagrin elle en vient à s'accabler de toutes les fautes de ceux qui l'aiment mal, elle épuise son pardon, pour des idiots qui ne la méritent pas, et n'a plus assez de force pour se pardonner - je voudrais briser son errance, sa culpabilité insensée, ses illusions sur sa valeur, car, sans le savoir, elle est d'une richesse démesurée - je suis en colère, je l'avoue, en colère contre ce monde qui excuse ceux qui n'aiment pas assez, mais qui n'éprouve aucune compassion pour ceux qui aiment trop - je voudrais qu'elle respire un instant, juste le temps de quelques lignes, et qu'elle sente le baiser caché entre mes mots - un baiser aux lèvres ayant pour seule perversion un peu de tendresse - en fait, je voudrais que ce baiser virtuel ait la saveur d'une main sur l'épaule, une main pour empoigner le fardeau de son cœur, pour laisser ses ailes écorchées se déployer à nouveau - et, peut-être, pour planter devant son regard un miroir, un reflet de toutes les couleurs que je perçois, lorsque je pense à elle - j'espère qu'elle va bien ce soir - *j'espère*.

j ' e s p è r e
qu'elle
n'est   plus
un
cœur égaré.

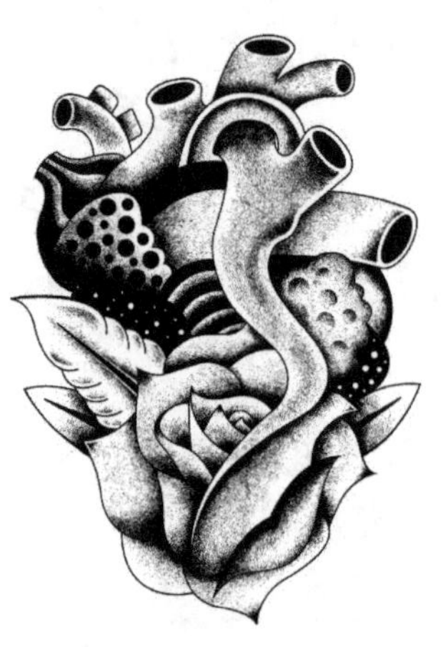

cœur égaré

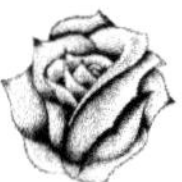